RÉPONSE

DU COMTE F. DE KERGORLAY,

A UN LIBELLE CALOMNIEUX,

inséré contre lui au moniteur du 9 mai 1832, par l'autorité du ministre de la guerre.

MARSEILLE,

IMPRIMERIE D'HIPPOLYTE BOUSQUET.

1832.

RÉPONSE

DU COMTE F. DE KERGORLAY,

á un libelle calomnieux,

Inséré contre lui au moniteur du 9 mai 1832 par

l'autorité du ministre de la guerre,

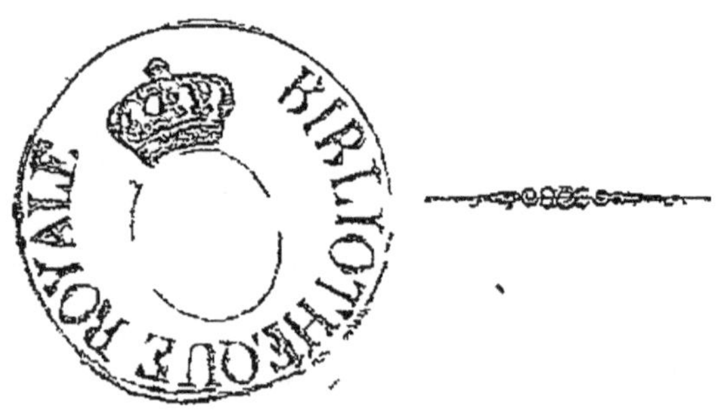

———

Je me rendais à pied à Marseille, le 1er mai dernier, vers le soir, lorsque je fus arrêté à quelque distance de la ville. Cette arrestation arbitraire fut faite dans l'intérieur des terres par un chef de douaniers, sans mandat de justice. Il n'existait ni flagrant délit, ni clameur publique ; rien qui justifiât cette illégalité.

Je fus conduit en prison à Marseille, et un mandat de dépôt décerné contre moi le 2 mai par M. Clapier, juge d'instruction, me déclara inculpé de complot et attentat contre le gouvernement, sans que pendant plus de trois mois on m'ait jamais notifié en quoi consistaient ce prétendu complot et ce prétendu attentat. Cette affaire fut depuis évoquée par la cour royale d'Aix, et elle délégua à son 1er président, M. Pataille, les fonctions de juge d'instruction.

Le moniteur du neuf mai m'étant tombé fortuitement entre les mains, j'y lus un rapport adressé le 3 mai, de Marseille, au ministre de la guerre, par M. le comte de Danrémont, lieutenant-général commandant la 8eme division militaire, et j'y reconnus quatre faits faux qui m'étaient personnels, et une qualification fausse qui m'était collectivement attribuée.

Je n'ai pu appercevoir dans ce rapport, inséré au moniteur par l'autorité du ministre de la guerre, un autre caractère que celui d'un libelle calomnieux, destiné par le gouvernement à procurer les condamnations qu'il voudrait obtenir contre ceux qu'il accuse lui même par l'organe du ministère public. J'avais donc intérêt à demander au moniteur la plus prompte insertion de ma réponse à ce libelle ; et j'avais le droit de l'exiger et de l'obtenir, en vertu de l'article 11 de la loi du 25 mars 1822.

J'écrivis le 1er juin au gérant du moniteur une lettre par laquelle je lui demandais, en vertu de cet article, d'insérer ma réponse au plus prochain numéro de son journal. Etant retenu au secret dans ma prison, je ne pouvais faire passer mes réclamations que par M. Pataille. La loyauté me semblait lui faire un devoir de les favoriser, il fit, en chaque occasion, soit pour en retarder le progrès, soit pour en empêcher le succès, tout ce qui dépendait de lui. Il s'était déjà, nonobstant l'article 187 du code pénal (1) , arrogé le droit d'intercepter toutes mes lettres et de les transmettre ou de les supprimer arbitrairement.

Il détourna de sa destination ma lettre au gérant du *Moniteur*, et l'envoya, non à ce gérant, mais au ministre de la justice, faisant dépendre ainsi du bon plaisir d'un ministre l'exécution de sa propre obligation de transmettre fidèlement une lettre par laquelle je réclamais la protection accordée par la loi à tous les citoyens contre les publications mensongères.

- J'avais écrit, à la même date du 1er juin, aux ministres de la guerre et de la justice, pour dire à chacun d'eux que je pensais qu'il se ferait un devoir , l'un comme auteur de la publication du rapport, l'autre comme ministre de la justice, d'appuyer ma réclamation près du gérant du Moniteur. Je leur disais aussi qu'ayant lieu de craindre que M. Pataille ne supprimât ma lettre à ce gérant, j'espérais cependant qu'il n'oserait pas supprimer celles que je leur écrivais à eux-mêmes. M. Pataille détourna de sa destination ma lettre au ministre de la guerre, comme ma lettre au gérant du Moniteur, et les envoya toutes deux au ministre de la justice avec celle que j'avais destinée à ce dernier. Le détournement de ces deux lettres me parut, de la part

(1) *Article* 187 *du code pénal* — « Toute suppression , « toute ouverture de lettre confiées à la poste, commise ou « facilitée par un fonctionnaire ou un agent du gouvernement « ou de l'administration des postes, sera punie d'une amende « de 16 francs à 300 francs Le coupable sera, de plus, « interdit de toute fonction ou emploi public pendant cinq « ans au moins et dix ans au plus »

de M. Pataille, une prévarication, ayant pour but de m'ôter les moyens de redresser l'opinion du public, et celle des juges et des jurés, sur les fausses impressions qu'ont pu leur donner les mensonges publiés par l'autorité du ministre de la guerre.

Ne recevant aucune réponse à aucune de ces trois lettres, j'eus lieu de craindre que le ministre de la justice n'eût supprimé celles que M. Pataille lui avait indûment transmises. J'écrivis en conséquence le 25 juin dernier au gérant du Moniteur une nouvelle lettre dont je lui demandais, en vertu du même article 11 de la loi du 25 mars 1822, l'insertion au plus prochain numéro de sa feuille. Je tâchai, en la composant, d'abréger quelque peu celle du 1er juin, sans y omettre rien d'essentiel. Le gérant, à qui je fis remettre cette lettre par mon avocat à Paris, refusa l'insertion demandée. J'avais donné commission à mon avocat de le faire citer par huissier, pour le contraindre, au cas qu'il n'obtempérât pas volontairement à ma demande. Les huissiers de Paris ont refusé de faire en mon nom cette sommation, alléguant la peur qu'ils ont de M. Persil, procureur-général. J'ai chargé mon avocat de demander à qui de droit un huissier d'office ; j'ignore encore le résultat de cette demande.

La quotidienne du 1er juillet dernier a annoncé que je me proposais de faire un procès au Moniteur, s'il persévérait à me refuser l'insertion de ma lettre du 25 juin ; mais quelle que puisse être l'issue de cette affaire, j'ignore quand elle sera jugée, une attente de plus de trois mois est déjà beaucoup trop longue; n'ayant donc pas pu jusqu'à présent obtenir la publication de ma lettre par les moyens légaux sur lesquels j'étais en droit de compter, je me trouve contraint à me charger moi-même de cette publication. J'y joindrai un commentaire, au moyen duquel j'espère faire apprécier d'autant mieux à mes concitoyens les motifs de la publicité que je donne aujourd'hui à cette juste défense de moi-même.

A Monsieur le gérant responsable du Moniteur.

Maison d'arrêt de Marseille, 25 juin 1832.

Monsieur ,

« J'ai lu dans le *Moniteur* du 9 Mai (partie
« non officielle) un rapport, en date du 3 , qui a
« été adressé au ministre de la guerre par M. le
« Comte de Danrémont, lieutenant-général comman-
« dant la 8me division militaire.

« J'ai reconnu dans ce rapport quatre faits faux
« qui me sont personnels, et une qualification fausse,
« huit fois répétée, qui m'est collectivement attribuée
« dans l'intention de l'auteur du rapport.

« Vous savez, Monsieur, que la loi du 25 Mars
« 1822 impose aux journalistes l'obligation d'insérer
« au plus prochain n°. de leur journal les réponses
« de toutes les personnes qu'ils y auront nommées
« ou désignées. Je vous invite en conséquence, en
« vertu de cette loi, à insérer ma présente lettre
« au plus prochain n°. de votre feuille.

« Les quatre faits faux qui me sont personnels

« sont contenus dans un seul alinéa d'un peu plus
« de sept lignes qui se trouve vers la fin du rap-
« port.

« Cet alinéa dit, 1°, que j'ai été arrêté *à dix*
« *heures du soir.* — C'est un fait faux, j'ai été
« arrêté, non de nuit, mais de jour.

« Cet alinéa dit, 2°, que j'ai été arrêté *sur la*
« *plage.* — C'est un fait faux, j'ai été arrêté,
« non sur la plage, mais en pleine terre, dans
« un chemin bordé de murs qui paraissent servir
« de clôture à des jardins.

« Cet alinéa dit, 3°, que *je faisais, dans Mar-*
« *seille, le* 30 *Avril, partie d'un grouppe marchant*
« *à l'attaque du palais de justice.* — J'ignore si
« le poste du palais de justice a été attaqué, la
« fausseté des faits qui dans ce rapport me sont
« personnels m'autorise bien à douter de sa véracité
« sur tout le reste. Ce dont je suis parfaitement
« certain, c'est que la supposition que je fisse dans
« Marseille le 30 Avril partie d'un grouppe quel-
« conque est une supposition fausse. Il est faux que
« j'aie été le 30 Avril dans Marseille, et il y avait
« cinquante-six ans que je n'y avais été, lorsque
« j'y entrai le 1er Mai dernier, au soir, en état
« d'arrestation.

« Ce même alinéa dit, 4°, que *j'ai été pris au*
« *moment où j'allais m'embarquer.* — C'est le
« 4me fait faux, je n'ai pas été arrêté sur la plage,
« je n'ai donc pas été arrêté au moment où j'allais
« m'embarquer. Je n'ai pas été arrêté, sortant de
« Marseille, j'ai été au contraire arrêté, allant à
« Marseille.

« Je répugnerais à croire avoir été choisi comme
« celui envers qui il aurait semblé le plus opportun
« d'accueillir les faits faux avec le plus de com-
« plaisance, dans le cas où l'alinéa qui me concerne
« n'aurait pas été plus chargé que les autres, la
« proportion de quatre faits faux sur sept lignes
« serait la proportion générale du rapport signé par
« M. le Comte de Danremont, et alors il ne con-
« tiendrait pas en totalité moins d'une centaine de
« faussetés.

« Quand M. le Comte de Danremont adressa le
« 3 Mai ce rapport au ministre de la guerre, il
« devait savoir qu'un mandat de dépôt en date de
« la veille me déclarait inculpé d'un prétendu crime
« qui provoquait contre moi la peine de mort. Il
« devait donc parfaitement connaître toute la portée
« des quatre faussetés qu'il lui plut d'accueillir sur
« moi dans ce rapport.

« Après avoir démenti les quatre faits faux qui
« me sont personnels dans ce rapport, je dois dé-
« mentir aussi la qualification fausse qui m'y concerne
« d'une manière collective. Je veux parler de la
« dénomination de *carlistes* ou de *parti carliste*,
« qui y est huit fois répétée, et qui dans l'intention
« de l'auteur est également applicable à tous ceux
« qui auraient fait partie des grouppes, d'un des-
« quels il dit faussement que je faisais partie. Ces
« 8 répétitions de cette dénomination sont un men-
« songe 8 fois répété. Charles X ayant abdiqué, il
« n'y a, et ne peut y avoir, en France, ni *Carlistes*,
« ni *parti carliste*. Pour moi, je suis *légitimiste*,

« et quand je me désigne par ce nom, voici ce que
« je comprends.

« Les légitimistes ne sont pas un parti dans l'état,
« ils sont la nation même, fidèle à la loi fondamen-
« tale du pays, et la réclamant à bon droit telle
« que nos ancêtres, pour le bonheur de leur pos-
« térité, l'ont fondée ; les légitimistes, en vertu
« de cette loi fondamentale, seule solide garantie de
« toutes nos libertés, et en vertu de la double
« abdication de S. M. le Roi Charles X et de son
« auguste fils, considèrent, et ne peuvent pas ne
« pas considérer, Henri V comme leur Roi légitime,
« momentanément empêché d'exercer, sous la régence
« nécessaire de son admirable mère pendant sa mi-
« norité, ses fonctions royales.

« Agréez, Monsieur, les assurances de ma con-
« sidération distinguée.

Le Cte F. DE KERGORLAY.

Les articles 7 et 13 de la Charte de 1830 por-
tent, l'un, que « la censure ne pourra jamais être
rétablie, » l'autre, que « le Roi ne pourra jamais
ni suspendre les lois elles-mêmes, ni dispenser de
leur exécution. »

Le refus combiné, du gérant du *Moniteur* d'insérer ma réponse, et des huissiers de le sommer de
l'insérer, constitue une triple violation des articles
7 et 13 de la nouvelle Charte, et de l'article 14
de la loi du 25 Mars 1822. La persévérance et
l'impunité avec lesquelles toutes les lois sont depuis

deux ans violées en France ne permettent pas de prévoir l'issue des procès intentés contre ces violations.

Je crois au reste que le gérant du *Moniteur* ne refuse pas de me donner satisfaction à l'amiable quant aux faits faux qui me sont personnels, et que son refus d'insertion ne s'applique qu'aux explications qu'a nécessitées la qualification fausse que sa feuille du 9 Mai m'a collectivement attribuée.

Mais cette qualification , je ne me crois pas moins en droit de la démentir, et j'y insiste avec un grand dégré d'intérêt de plus parce qu'elle ne me concerne pas seul, et parce que je ne crois remplir en la démentant un devoir public d'une nature plus élevée.

La qualification dont je veux parler est celle de *carlistes* ou de *parti carliste*, employée par le gouvernement actuel pour désigner les *légitimistes*.

Le motif général pour lequel ce gouvernement l'emploie sans cesse par l'organe de tous ses fonctionnaires n'a rien d'incertain, ce motif est d'exciter la haine des citoyens contre une classe de personnes, délit prévu par l'article 10 de la loi du 25 Mars 1822 qui lui a assigné une pénalité particulière. Cette dénomination est à la fois, de la part des ennemis de la légitimité , hostile et frauduleuse.

Les légitimistes y prirent d'abord peu d'attention. Chacun d'eux eût craint, en la désavouant, de ne pas sembler assez fidèle à la compassion pieuse qu'il sentait pour l'immense infortune de celui qui naguère était encore son Roi. Il m'est permis, je crois. d'en parler ainsi , parce que je sais assez quelle violence j'eus à me faire à moi-même, lorsque je me sentis, dès le 1er jour où j'appris l'abdication de Charles X. en faveur de son petit-fils, forcé par un devoir impérieux de faire prévaloir sur ma compassion même pour le malheur de l'aieul et sur ma vénération profonde pour ses vertus, l'intérêt du nouveau Roi légitime et de la France.

Plus qu'un autre ainsi j'ai lieu de trouver étrange que la dénomination de *carliste* me soit attribuée, puisque trois fois, les 9 Août, 23 Septembre et 22 Novembre 1830, j'ai publiquement adressé à la chambre ou à la cour des pairs des lettres ou discours qui montraient de la manière la plus manifeste l'impossibilité de m'attribuer cette dénomination. Le *Moniteur* du 9 Mai dernier n'ayant tenu aucun compte de ces trois publications, il me fallait, pour lui répondre, répéter une 4me fois encore que cette dénomination ne pouvait pas m'être attribuée. C'est ce que je fis. J'écrivis au gérant du *Moniteur*, le 25 juin dernier. « Les huit répétitions de cette dénomination sont un mensonge huit fois répété. Charles X ayant abdiqué, il n'y a, et ne peut y avoir, en France, ni *carlistes*, ni *parti carliste*. Pour moi, je suis *légitimiste*, et quand je me désigne par ce nom, voici ce que je comprends : »

C'est à ce qui suivait dans cette lettre, que s'applique, si j'ai été bien informé, le refus d'insertion du gérant du *Moniteur*.

Cependant je n'aperçois pas ce qui pourrait en être retranché.

Si quelqu'un me donne une dénomination que je n'accepte pas , il faut bien que je lui dise quelle dénomination je me donne à moi-même, et que je lui explique en quoi l'une et l'autre diffèrent : si c'est un journal qui m'a donné la dénomination mensongère, il faut bien que je donne au public dans ce journal même, en vertu de l'article 11 de la loi du 25 Mars 1822 , les explications nécessaires : si ce journal est le journal officiel , il ne m'est plus possible de ne voir en lui qu'un libelliste ordinaire, je suis forcé de voir en lui un libelliste soudoyé par le gouvernement , ou plutôt le malheureux instrument passif d'un gouvernement libelliste : si non seulement la publication du libelle a été faite par le journal officiel , mais si elle y a été faite par l'autorité d'un ministre, et si ce ministre est le ministre de la guerre, le ministre de l'état de siège réduit en poussière par l'arrêt de la cour de cassation ; si la dénomination frauduleusement employée est destinée à exciter la haîne contre ceux à qui elle est attribuée ; si un mandat de dépôt antérieur les a déclarés inculpés d'un prétendu crime qui provoque contre eux la peine capitale, si le but manifeste du libelle est en conséquence de procurer contre eux une condamnation à mort : comment oserait-on soutenir que ce but odieux et perfide dût constituer contre eux une déchéance du droit de répondre aux publications mensongères, qui est garanti à tous les citoyens par la loi du 25 Mars 1822 ?

Pour expliquer en quoi la dénomination que je me donne à moi-même diffère de celle que je n'accepte pas , il faut bien que j'examine dans leurs détails par quels motifs la dénomination de *parti carliste* a été choisie par ceux qui l'employent pour désigner les *légitimistes*. Je crois que ces motifs sont de faire croire,

1° Que les légitimistes ne sont qu'un *parti* dans l'état ;

2° Qu'ils se fondent sur le droit divin ;

3° Que Charles X pourrait révoquer son abdication ,

4° Qu'il pourrait, sans révoquer son abdication, exercer *virtuellement*, d'une manière plus ou moins apparente, l'autorité de la régence pendant la minorité de son petit-fils,

5° Que le gouvernement que les légitimistes considèrent comme usurpateur n'ayant , soit sous la forme de la royauté , soit sous celle de la régence , d'autre adversaire à redouter que Charles X , est très solidement établi.

Comme je pense sur tous ces points le contraire de ce que veut s'efforcer de persuader le choix de la dénomination de *parti carliste*, je me crois le droit et le devoir de ne pas me laisser attribuer des opinions contraires aux miennes.

Ainsi donc ,

Quant à la supposition que les légitimistes ne soyent qu'un *parti* dans l'état, je pense , comme je l'ai dit dans ma lettre au *Moniteur*, qu'ils sont au contraire la nation même, moins les *partis* qui ont abjuré la loi fondamentale du pays, la nation toujours la même dans sa fidélité à cette loi, et la réclamant à bon droit telle que nos ancètres , pour le bonheur de leur postérité , l'ont fondée.

Quant à la supposition que les légitimistes fondent sur le droit divin leur système de monarchie héréditaire , je viens de dire que nos ancètres le fondèrent eux-mêmes . je pense qu'ils le fondèrent librement par la volonté permanente d'une nation d'accord avec elle-même. C'est un devoir pour chacun envers Dieu sans doute d'être fidèle à une constitution ainsi fondée; mais ce devoir ne s'applique pas exclusivement à notre monarchie héréditaire, il ne s'appliquerait pas moins justement à d'autres formes d'hérédité, ou à des constitutions républicaines qui auraient été instituées avec la même liberté et la même permanence des volontés à travers les siècles. Ce n'est donc pas de la théorie arbitraire d'un droit divin particulier qui m'est inconnu, mais de la loi fondamentale de mon pays , et de ma persuasion de sa nécessité pour le bonheur de la France , que je tire les motifs de la fidélité qu'il me plaît d'avoir pour mon Roi legitime. (1)

(1) J'avais déposé il y a quatorze ans dans le *Conservateur*, pour les y retrouver au besoin, ces mêmes principes J'y disais , dans un petit écrit intitulé *profession de foi d'un ami de son pays* , qui fut inséré dans la neuvième livraison .

« Quant à la politique , nous professons ouvertement comme
« le premier dogme de la nôtre, l'attachement à la dynastie
« légitime , c'est-à-dire à la royale famille de Bourbon , dans
« l'ordre de primogéniture , de mâle en mâle , tel qu'il est
« établi depuis tant de siècles parmi nous.

« Et nous ne nous proposons pas d'examiner à cette occasion
« la grande et abstruse question du droit divin et indestructi-
« ble des dynasties légitimes, mais nous pensons seulement ,

Quand à la supposition que Charles X puisse révoquer son abdication, je pense au contraire que le premier des droits des peuples dans les monarchies étant celui de savoir nettement quel est leur Roi, jamais une abdication de la couronne ne peut être révoquée.

Quand à ce qui concernerait l'autorité de la régence, je vois à la fois, dans le rapport inséré au *Moniteur* du 9 Mai, les deux suppositions contradictoires, que le cri de *vive Henri cinq* se soit fait entendre le 30 Avril dans Marseille, et que ceux par lesquels il aurait été proféré fussent des *carlistes*. La réunion de ces deux suppositions, qui suivant leur sens naturel sont exclusives l'une de l'autre, n'est susceptible d'aucune autre interprétation que de celle qui voudrait faire croire que Charles X pourrait, sans révoquer son abdication, exercer virtuellement l'autorité de la régence pendant la minorité de son petit-fils.

Mais quant à moi, je pense au contraire que ni S. M. le Roi Charles X, ni son auguste fils n'ont pu en abdiquant la couronne se réserver aucun droit au gouvernement pendant la minorité du jeune prince en faveur de qui ils abdiquaient; et comme il n'a

» qu'outre le plaisir naturel qu'éprouvent les cœurs droits à
« être fidèles, une claire expérience a suffisamment montré
« qu'à l'époque actuelle de la civilisation européenne, le système
« de la légitimité est le seul qui garantisse aux citoyens des grandes
« et anciennes monarchies la conservation de leurs droits
« sociaux et de la paix publique, de leur moralité et de leur
« bonheur. Cette considération suffit pour mettre à cet égard
« notre raison et notre sentiment en une parfaite harmonie. »

aucun autre parent français à qui la conscience publique pût permettre d'aspirer à la régence pendant sa minorité, je pense que cet imposant fardeau n'a pu être réservé par la providence à nul autre qu'à son admirable mère. La régence des mères est toujours celle qu'indiquent tous les sentimens naturels; mais pour Henri Dieudonné dénué de tout autre parent habile à prétendre à la régence, celle de sa mère, si la providence veut qu'il soit rendu aux vœux des français, sera aussi la régence nécessaire. Apparemment on n'est pas séditieux pour penser et dire que la providence est plus puissante que Louis-Philippe; eh bien, si la providence veut que Henri V règne, Marie Caroline de Bourbon des Deux-Siciles est digne de marcher sur les traces de Blanche de Castille et de Jeanne d'Albret. Le règne des deux plus grands et plus excellens Rois de France fut préparé par leurs mères, le fils du Duc et de la Duchesse de Berry est, par son père et par sa mère, le digne petit-fils de Henri IV et de St. Louis.

Quant à l'intérêt du gouvernement actuel à faire croire qu'il n'aurait d'autre adversaire que Charles X, et qu'en conséquence on devrait le considérer comme solidement établi, voici sur cette double supposition ce que je crois devoir dire:

L'abdication d'un roi légitime doit sans doute paraître une base solide au nouveau règne de son successeur naturel. Mais Louis Philippe n'est pas le successeur naturel de Charles X suivant l'ordre de primogéniture établi par la loi fondamentale de notre pays. De la l'intérêt du nouveau gouvernement à s'efforcer, par l'emploi de la dénomination de *carlistes*, de faire rétrograder vers une individualité passée, et de détourner de son application actuelle, la pensée générale de la *légitimité.*

D'autre part le fameux édit de 1717, rendu par Louis XV enfant sous la régence du duc d'Orléans, prévoyait la possibilité de l'extinction de la dynastie régnante, et supposant ainsi le cas de la vacance du trône montrait la nécessité d'un acte de la souveraineté de la nation sur elle même pour l'établissement du nouveau gouvernement qu'il lui plairait alors d'instituer. Lous-Philippe, en s'emparant de la couronne, n'était pas moins dépourvu d'un acte de cette nature que d'un droit héréditaire.

Celui que la révolution de 1830 plaça sur le trône du roi légitime s'y est-il depuis lors assis plus solidement? La mise en état de siège, à laquelle avant deux ans révolus il s'est reconnu réduit à recourir, s'est chargée de répondre pour moi, et cette réponse a été proclamée par l'arrêt de la cour de cassation.

Le Cte F. DE KERGORLAY.

Maison d'arrêt de Marseille,
24 Août 1832

MARSEILLE — Imprimerie d'Hippolyte Bousquet.